Impressum
Verlag: BABADADA GmbH, Nedderfeld 112 , 22529 Hamburg
Geschäftsführer / Verlagsleitung: Harald Hof
Druck: Books on Demand GmbH, In de Tarpen 42, 22848 Norderstedt

Imprint
Publisher: BABADADA GmbH, Nedderfeld 112 , 22529 Hamburg, Germany
Managing Director / Publishing direction: Harald Hof
Print: Books on Demand GmbH, In de Tarpen 42, 22848 Norderstedt, Germany

skola

skola

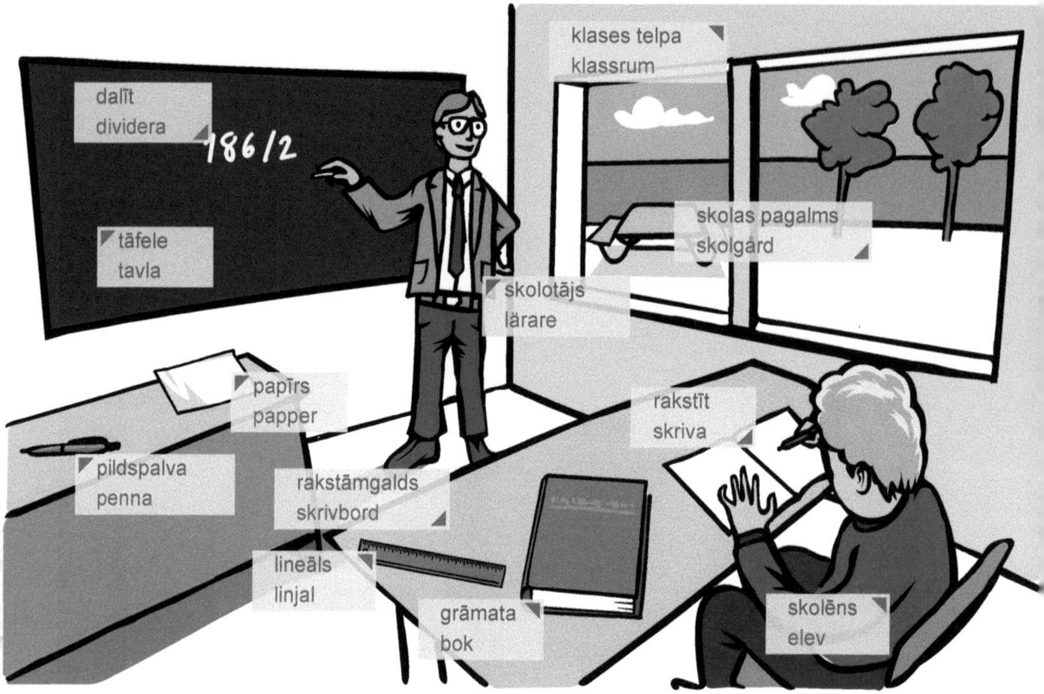

dalīt
dividera
186/2
tāfele
tavla
klases telpa
klassrum
skolas pagalms
skolgård
skolotājs
lärare
papīrs
papper
rakstīt
skriva
pildspalva
penna
rakstāmgalds
skrivbord
lineāls
linjal
grāmata
bok
skolēns
elev

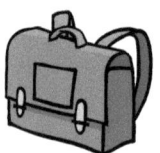

skolas soma

skolväska

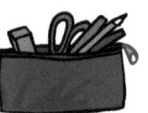

penālis

pennfodral

zīmulis

blyertspenna

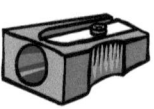

zīmuļu asināmais

pennvässare

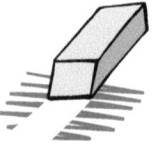

dzēšgumija

suddgummi

zīmēšanas bloks

ritblock

zīmējums

teckning

ota

pensel

krāsas

mālarlåda

šķēres

sax

līme

lim

darba burtnīca

övningsbok

mājas darbs

hemläxa

12

skaitlis

tal

2+2

saskaitīt

addera

5-2

atņemt

subtrahera

2×2

reizināt

multiplicera

rēķināt

räkna

A

burts

bokstav

ABCDEFG HIJKLMN OPQRSTU VWXYZ

alfabēts

alfabet

vārds

ord

teksts

text

lasīt

läsa

krīts

krita

mācību stunda

lektion

žurnāls

register

eksāmens

prov

liecība

intyg

skolas forma

skoluniform

izglītība

utbildning

enciklopēdija

uppslagsverk

universitāte

universitet

mikroskops

mikroskop

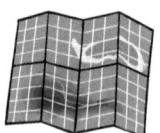

karte

karta

papīrgrozs

papperskorg

ceļojums

resa

viesnīca
hotell
Grand
hostelis
vandrarhem
ROOMS
valūtas maiņas punkts
växelkontor
€CHANGE
čemodāns
resväska
automašīna
bil

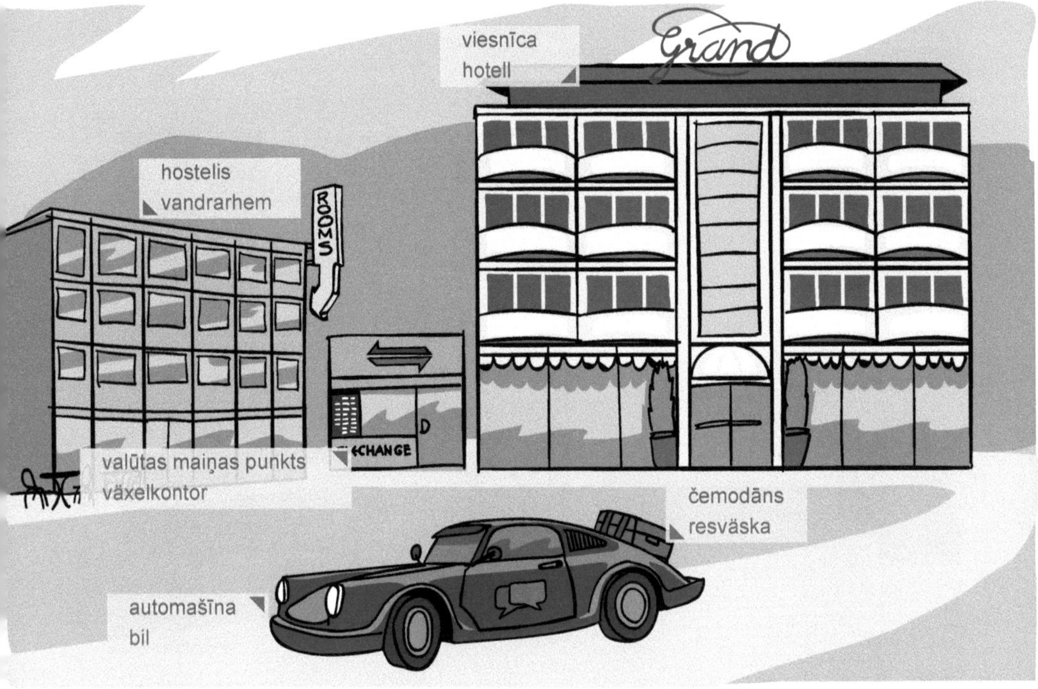

Valoda

språk

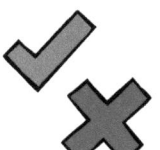

jā / nē

ja / nej

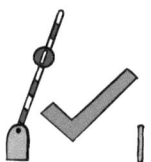

Okay

Okay

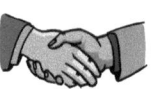

Sveiki!

hej

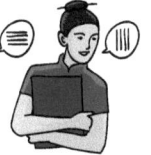

tulks

översättare

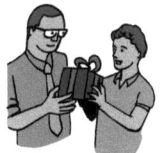

paldies

Tack

Cik maksā...?

hur mycket kostar...?

Es nesaprotu

jag förstår inte

problēma

problem

Labvakar!

God kväll!

Labrīt!

God morgon!

Ar labu nakti!

God natt!

Uz redzēšanos

hejdå

virziens

riktning

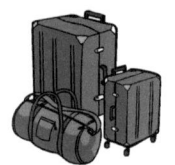

bagāža

bagage

soma

väska

mugursoma

ryggsäck

viesis

gäst

istaba

rum

guļammaiss

sovsäck

telts

tält

tūrisma informācija	pludmale	kredītkarte
turistinformation	strand	kreditkort

brokastis	pusdienas	vakariņas
frukost	lunch	middag

biļete	lifts	pastmarka
biljett	hiss	frimärke

robeža	muita	vēstniecība
gräns	tull	ambassad

vīza	pase	
visum	pass	

transports

transport

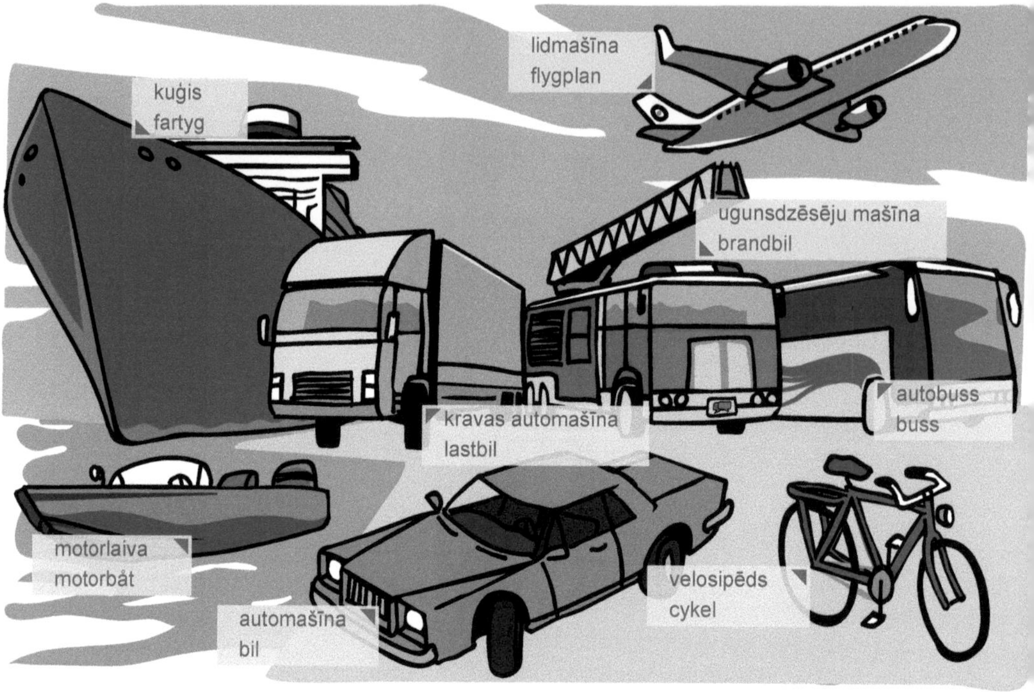
lidmašīna
flygplan
kuģis
fartyg
ugunsdzēsēju mašīna
brandbil
autobuss
buss
kravas automašīna
lastbil
motorlaiva
motorbåt
velosipēds
cykel
automašīna
bil

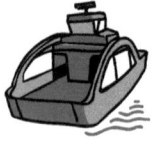

prāmis

färja

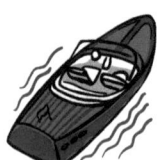

laiva

båt

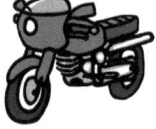

motocikls

motorcykel

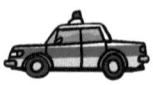

policijas automašīna

polisbil

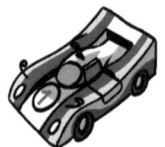

sacīkšu automobilis

racerbil

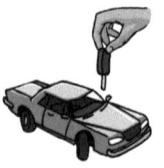

nomas auto

hyrbil

auto koplietošana

bilpool

evakuators

bärgningsbil

atkritumu mašīna

sopbil

dzinējs

motor

benzīns

bränsle

degvielas uzpildes stacija

bensinstation

ceļa zīme

vägmärke

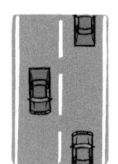

satiksme

trafik

sastrēgums

bilkö

stāvvieta

parkeringsplats

dzelzceļa stacija

tågstation

sliedes

räls

vilciens

tåg

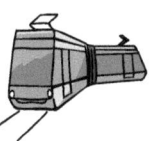

tramvajs

spårvagn

vagons

vagn

helikopters

helikopter

lidosta

flygplats

tornis

torn

pasažieris

passagerare

konteiners

container

kaste

kartong

ratiņi

vagn

grozs

korg

pacelties / nosēsties

starta / landa

pilsēta

stad

ciems

by

pilsētas centrs

centrum

māja

hus

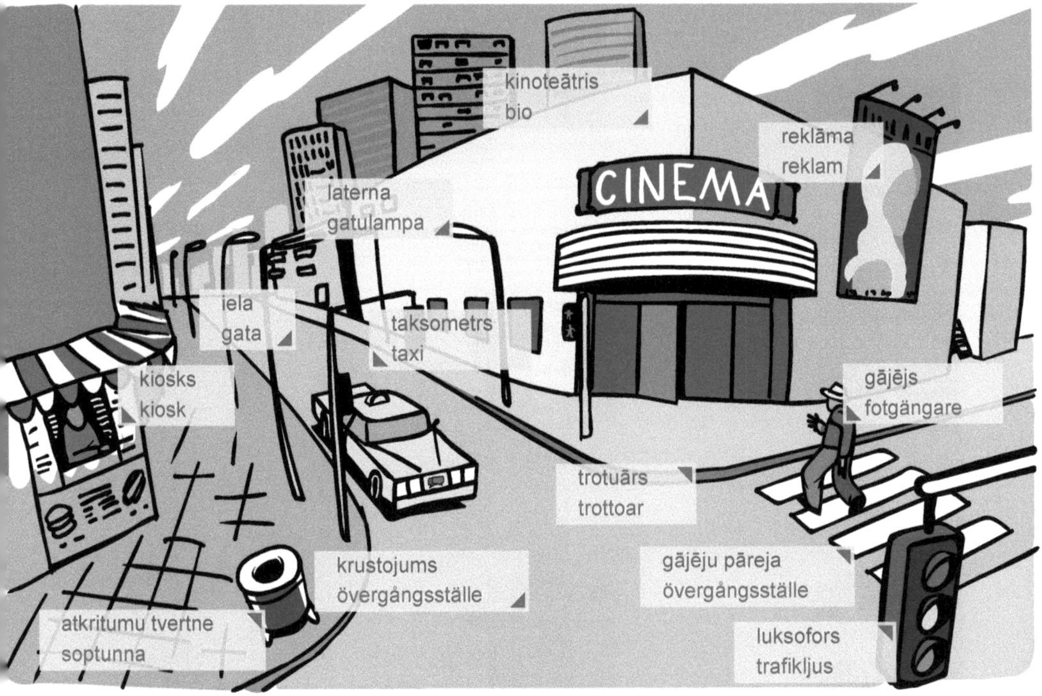

kinoteātris
bio

reklāma
reklam

laterna
gatulampa

CINEMA

iela
gata

taksometrs
taxi

kiosks
kiosk

gājējs
fotgängare

trotuārs
trottoar

krustojums
övergångsställe

gājēju pāreja
övergångsställe

atkritumu tvertne
soptunna

luksofors
trafikljus

būda

stuga

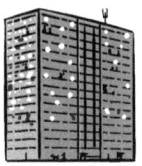

dzīvoklis

lägenhet

dzelzceļa stacija

tågstation

rātsnams

stadshus

muzejs

museum

skola

skola

pilsēta - stad

universitāte

universitet

banka

bank

slimnīca

sjukhus

viesnīca

hotell

aptieka

apotek

birojs

kontor

grāmatnīca

bokhandel

veikals

affär

ziedu veikals

blomsterbutik

lielveikals

stormarknad

tirgus

marknad

tirdzniecības centrs

varuhus

zivju tirgotājs

fiskhandlare

tirdzniecības centrs

köpcentrum

osta

hamn

parks

park

sols

bänk

tilts

brygga

kāpnes

trappa

metro

tunnelbana

tunelis

tunnel

autobusa pieturvieta

busshållplats

bārs

bar

restorāns

restaurang

pastkastīte

brevlåda

ielas nosaukuma plāksne

gatuskylt

stāvlaika skaitītājs

parkeringsautomat

zooloģiskais dārzs

zoo

peldbaseins

simbassäng

mošeja

moské

zemnieku saimniecība

bondgård

vides piesārņojums

förorening

kapsēta

kyrkogård

baznīca

kyrka

spēļu laukums

lekplats

templis

tempel

ainava
landskap

lapa / löv

ceļrādis / vägskylt

ceļš / väg

pļava / äng

akmens / sten

ceļotājs / liftare

koks / träd

upe / flod

zāle / gräs

puķe / blomma

ainava - landskap

ieleja
dal

kalns
kulle

ezers
sjö

mežs
skog

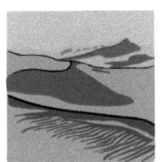

tuksnesis
öken

vulkāns
vulkan

pils
slott

varavīksne
regnbåge

sēne
svamp

palma
palm

moskīts
mygga

muša
fluga

skudra
myra

bite
bi

zirneklis
spindel

vabole

skalbagge

varde

groda

vāvere

ekorre

ezis

igelkott

zaķis

hare

pūce

uggla

putns

fågel

gulbis

svan

meža cūka

vildsvin

briedis

rådjur

alnis

älg

aizsprosts

damm

vēja ģenerators

vindkraftverk

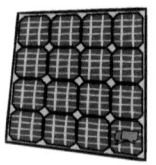

saules baterija

solcellspanel

klimats

klimat

restorāns
restaurang

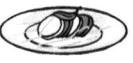

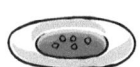

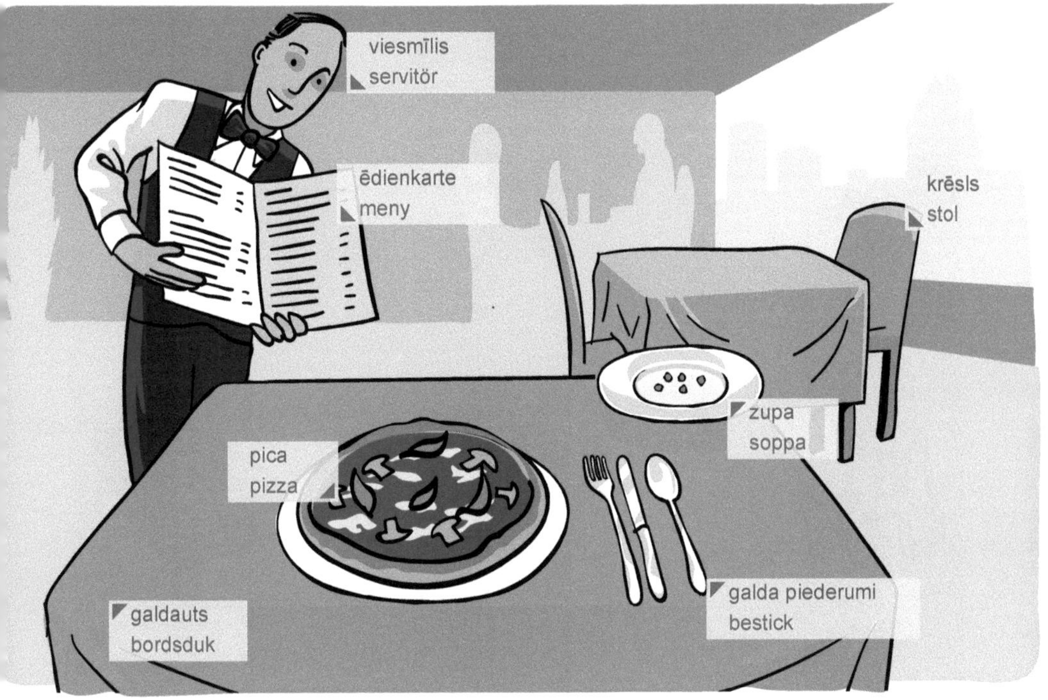
viesmīlis
servitör
ēdienkarte
meny
krēsls
stol
zupa
soppa
pica
pizza
galda piederumi
bestick
galdauts
bordsduk

uzkoda

förrätt

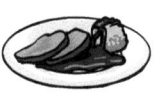

pamatēdiens

huvudrätt

deserts

dessert

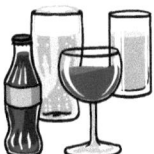

dzērieni

drycker

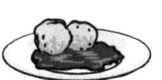

ēdiens

mat

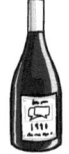

pudele

flaska

ātrās uzkodas

snabbmat

ielu uzkodas

street food

tējkanna

tekanna

cukurtrauks

sockerskål

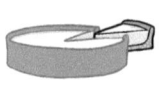

porcija

portion

espresso kafijas automāts

espressomaskin

bāra krēsls

barnstol

rēķins

räkning

paplāte

bricka

nazis

kniv

dakša

gaffel

karote

sked

tējkarote

tesked

salvete

servett

glāze

glas

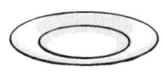

šķīvis
tallrik

zupas šķīvis
sopptallrik

apakštase
tefat

mērce
sås

sāls trauciņš
saltkar

piparu dzirnaviņas
pepparkvarn

etiķis
vinäger

eļļa
olja

garšvielas
kryddor

kečups
ketchup

sinepes
senap

majonēze
majonnäs

lielveikals

stormarknad

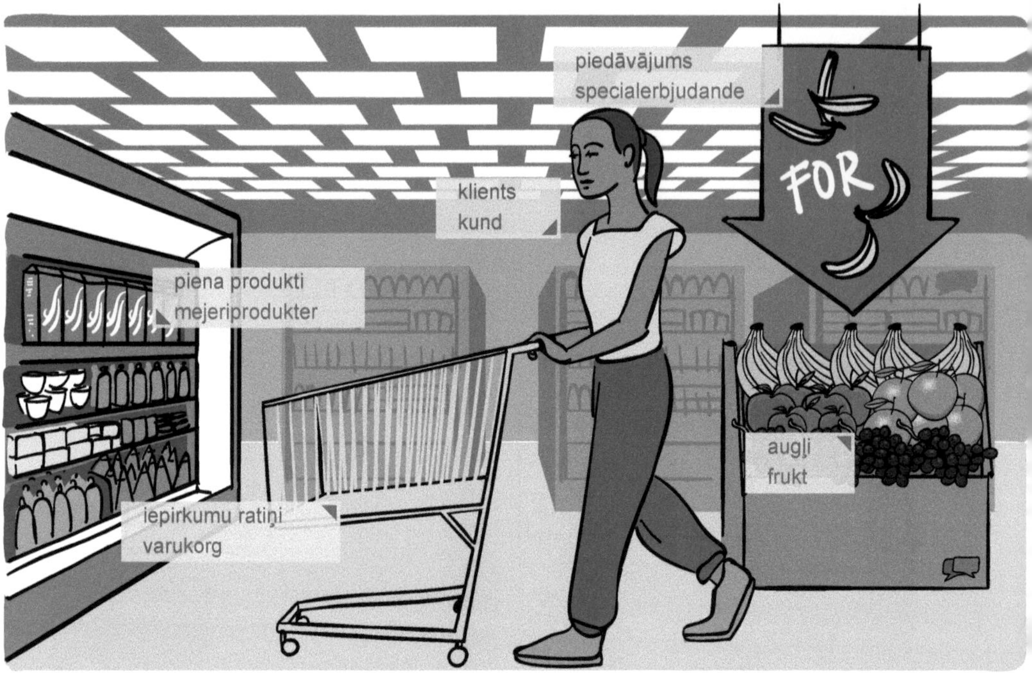

piedāvājums
specialerbjudande
FOR
klients
kund
piena produkti
mejeriprodukter
augļi
frukt
iepirkumu ratiņi
varukorg

BUTCHERS

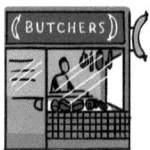

kautuve

charkuteri

BAKERY

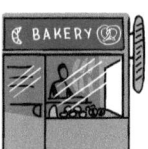

maizes veikals

bageri

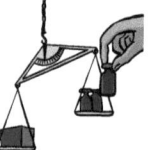

svērt

väga

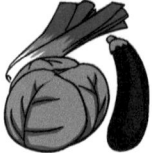

dārzeņi

grönsaker

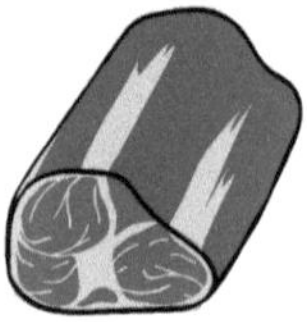

gaļa

kött

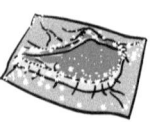

saldēti produkti

frysta livsmedel

aukstās gaļas uzkodas

pålägg

konservi

konserver

pulveris

tvättmedel

saldumi

godis

mājsaimniecības preces

hushållsprodukter

tīrīšanas līdzeklis

rengöringsmedel

pārdevēja

försäljare

kase

kassa

kasieris

kassör

iepirkumu saraksts

inköpslista

darba laiks

öppettider

maks

plånbok

kredītkarte

kreditkort

soma

väska

maisiņš

plastpåse

ūdens

vatten

sula

juice

piens

mjölk

kola

cola

vīns

vin

alus

öl

alkohols

alkohol

kakao

kakao

tēja

te

kafija

kaffe

espresso

espresso

kapučīno

cappuccino

banāns

banan

ābols

äpple

apelsīns

apelsin

melone

melon

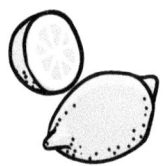

citrons

citron

burkāns

morot

ķiploks

vitlök

bambuss

bambu

sīpols

lök

sēne

svamp

rieksti

nötter

makaroni

nudlar

spageti

spaghetti

rīsi

ris

salāti

sallad

frī kartupeļi

pommes frites

cepti kartupeļi

stekt potatis

pica

pizza

hamburgers

hamburgare

sviestmaize

smörgås

šnicele

schnitzel

šķiņķis

skinka

salami

salami

desa

korv

vista

kyckling

cepetis

stek

zivs

fisk

auzu pārslas

havregryn

muslis

müsli

brokastu pārslas

cornflakes

milti

mjöl

radziņš

croissant

brokastu maizītes

fralla

maize

bröd

tostermaize

rostat bröd

cepumi

kex

sviests

smör

biezpiens

kvarg

kūka

kaka

ola

ägg

cepta ola

stekt ägg

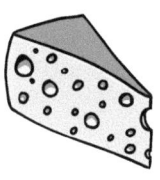

siers

ost

saldējums
glass

cukurs
socker

medus
honung

marmelāde
sylt

riekstu krēms
nougatkräm

karijs
curry

zemnieku saimniecība
bondgård

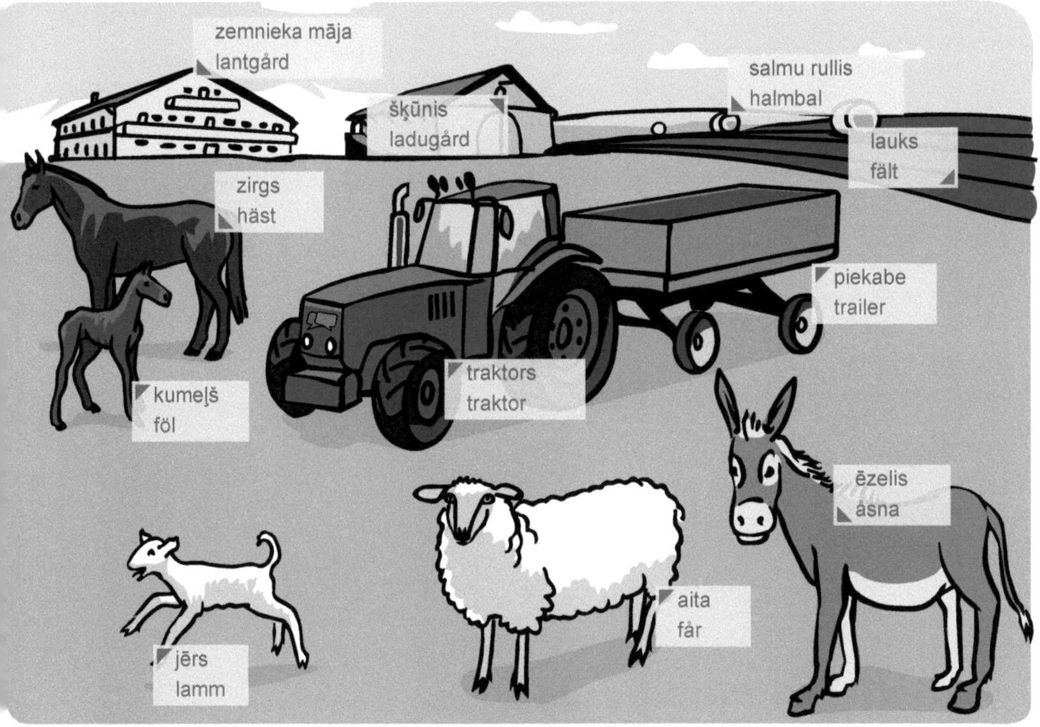
zemnieka māja
lantgård
šķūnis
ladugård
salmu rullis
halmbal
lauks
fält
zirgs
häst
piekabe
trailer
traktors
traktor
kumeļš
föl
ēzelis
åsna
aita
får
jērs
lamm

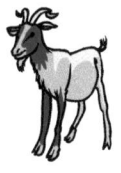

kaza
get

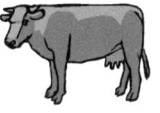

govs
ko

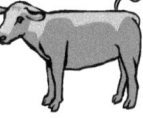

teļš
kalv

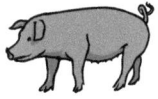

cūka
gris

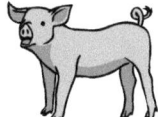

sivēns
griskulting

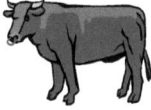

bullis
tjur

zoss

gås

pīle

anka

cālis

kyckling

vista

höna

gailis

tupp

žurka

råtta

kaķis

katt

pele

mus

vērsis

oxe

suns

hund

suņa būda

hundkoja

dārza šļūtene

trädgårdsslang

lejkanna

vattenkanna

izkapts

lie

arkls

plog

sirpis

skära

kaplis

hacka

mēslu dakša

högaffel

cirvis

yxa

ķerra

skottkärra

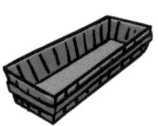

sile

tråg

piena kanna

mjölkflaska

maiss

säck

žogs

staket

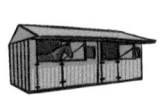

kūts

stall

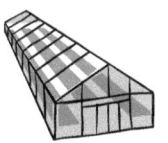

siltumnīca

växthus

augsne

jord

sēklas

säd

mēslojums

gödsel

kombains

skördetröska

novākt ražu

skörda

raža

skörd

jamss

jams

kvieši

vete

soja

soja

kartupelis

potatis

kukurūza

majs

rapsis

raps

augļu koks

fruktträd

manioka

maniok

labība

spannmål

māja
hus

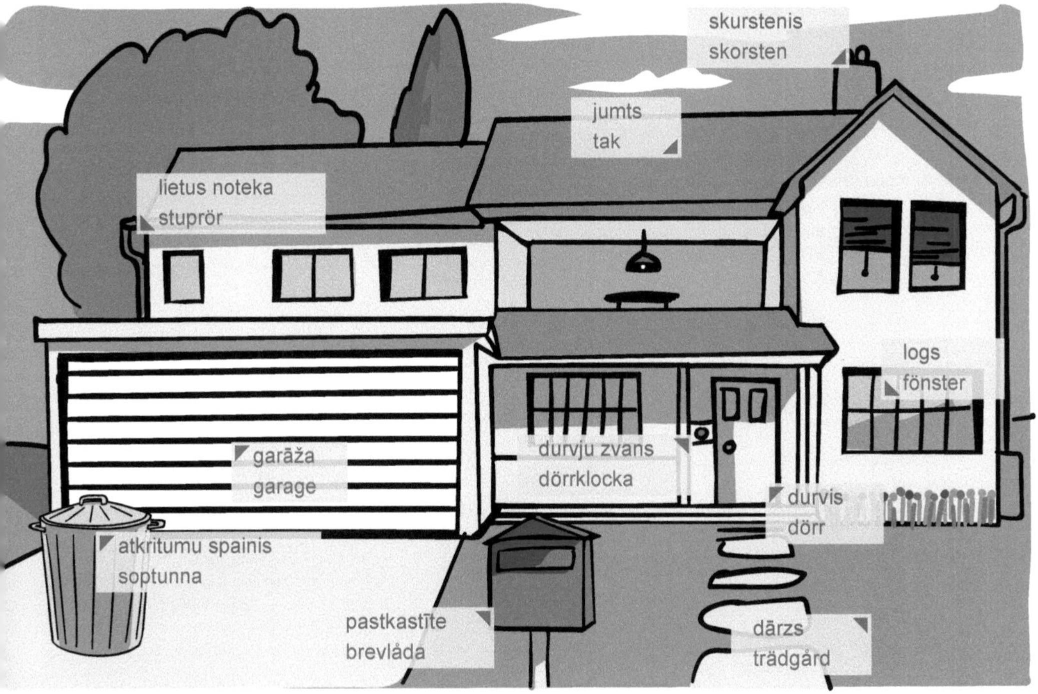

skurstenis
skorsten
jumts
tak
lietus noteka
stuprör
logs
fönster
garāža
garage
durvju zvans
dörrklocka
durvis
dörr
atkritumu spainis
soptunna
pastkastīte
brevlåda
dārzs
trädgård

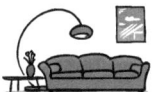

viesistaba

vardagsrum

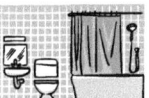

vannas istaba

badrum

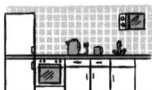

virtuve

kök

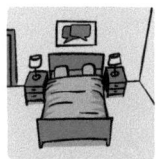

guļamistaba

sovrum

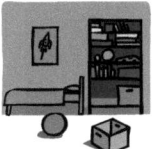

bērnu istaba

barnrum

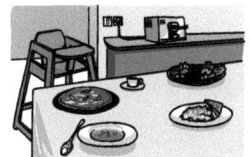

ēdamistaba

matsal

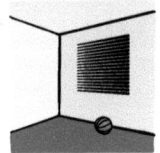

grīda
golv

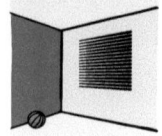

siena
vägg

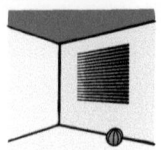

griesti
tak

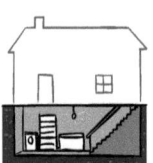

pagrabs
källare

sauna
bastu

balkons
balkong

terase
terrass

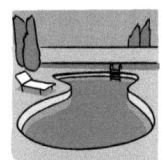

baseins
bassäng

zāles pļāvējs
gräsklippare

gultas veļa
lakan

sega
överkast

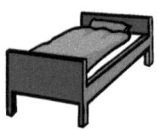

gulta
säng

slota
kvast

spainis
hink

slēdzis
strömbrytare

viesistaba
vardagsrum

tapetes
tapet
attēls
bild
lampa
lampa
plaukts
hylla
skapis
skåp
televizors
TV
kamīns
eldstad
puķe
blomma
spilvens
kudde
dīvāns
soffa
vāze
vas
tālvadības pults
fjärrkontroll

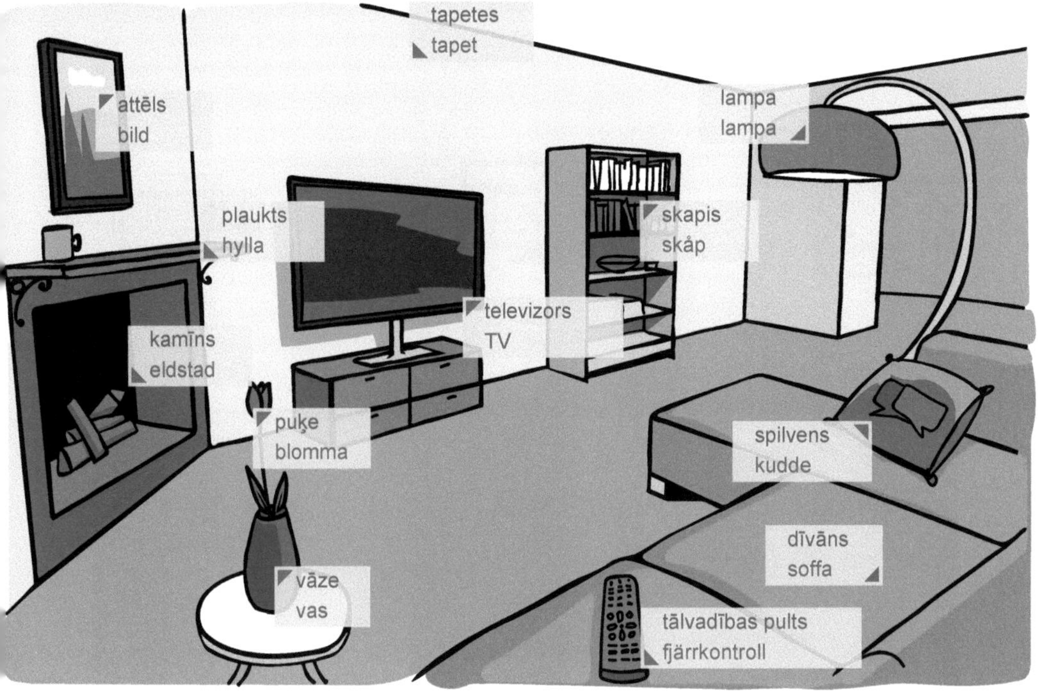

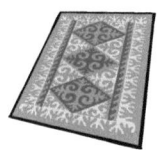

paklājs

matta

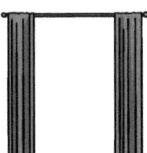

aizkars

gardin

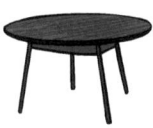

galds

bord

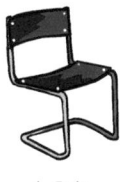

krēsls

stol

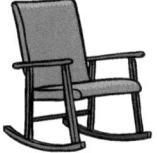

šūpuļkrēsls

gungstol

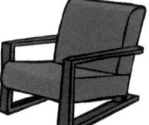

atpūtas krēsls

fåtölj

grāmata

bok

sega

filt

dekorācija

dekoration

malka

vedträ

filma

film

mūzikas centrs

stereoanläggning

atslēga

nyckel

avīze

dagstidning

glezna

målning

plakāts

poster

radio

radio

pierakstu blociņš

anteckningsbok

putekļu sūcējs

dammsugare

kaktuss

kaktus

svece

stearinljus

virtuve
kök

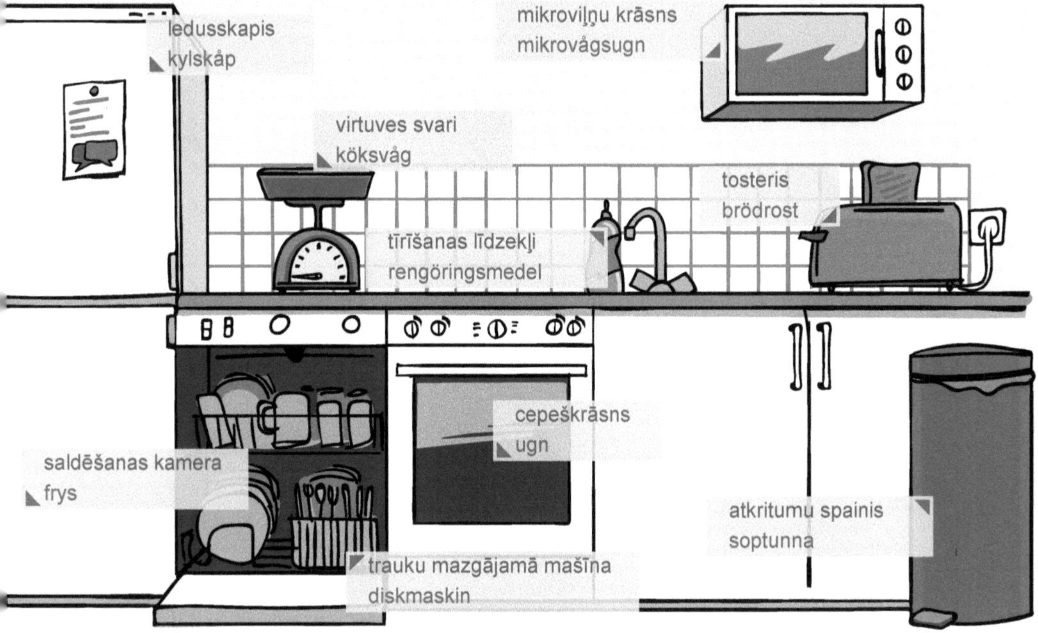

ledusskapis
kylskåp
mikroviļņu krāsns
mikrovågsugn
virtuves svari
köksvåg
tosteris
brödrost
tīrīšanas līdzekļi
rengöringsmedel
cepeškrāsns
ugn
saldēšanas kamera
frys
atkritumu spainis
soptunna
trauku mazgājamā mašīna
diskmaskin

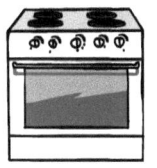

plīts

spis

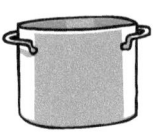

pods

kastrull

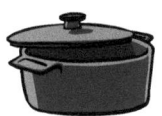

katls

järngryta

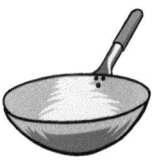

Wok panna

wok / kadai

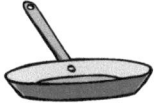

panna

stekpanna

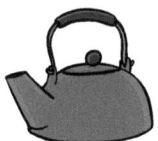

elektriskā tējkanna

vattenkokare

tvaika katls

ångkokare

cepešpanna

bakplåt

trauki

porslin

krūze

mugg

bļoda

skål

irbulīši

ätpinnar

kauss

soppslev

lāpstiņa

stekspade

putošanas slotiņa

visp

sietiņš

durkslag

siets

sil

rīve

rivjärn

piesta

mortel

grilēt

grill

atklāts pavards

brasa

dēlis
skärbräda

mīklas rullis
kavel

korķu viļķis
korkskruv

bundža
burk

konservu nazis
burköppnare

virtuves cimdi
grytlapp

izlietne
vask

birste
borste

sūklis
svamp

mikseris
mixer

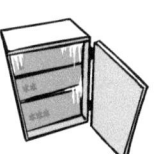

saldētava
frys

bērna pudelīte
nappflaska

ūdenskrāns
kran

vannas istaba
badrum

apkure
värme
dvielis
handduk
duša
dusch
dušas aizkari
duschdraperi
vannas putas
bubbelbad
vanna
badkar
glāze
glas
veļas mašīna
tvättmaskin
ūdenskrāns
kran
flīzes
kakel
podiņš
potta
izlietne
vask

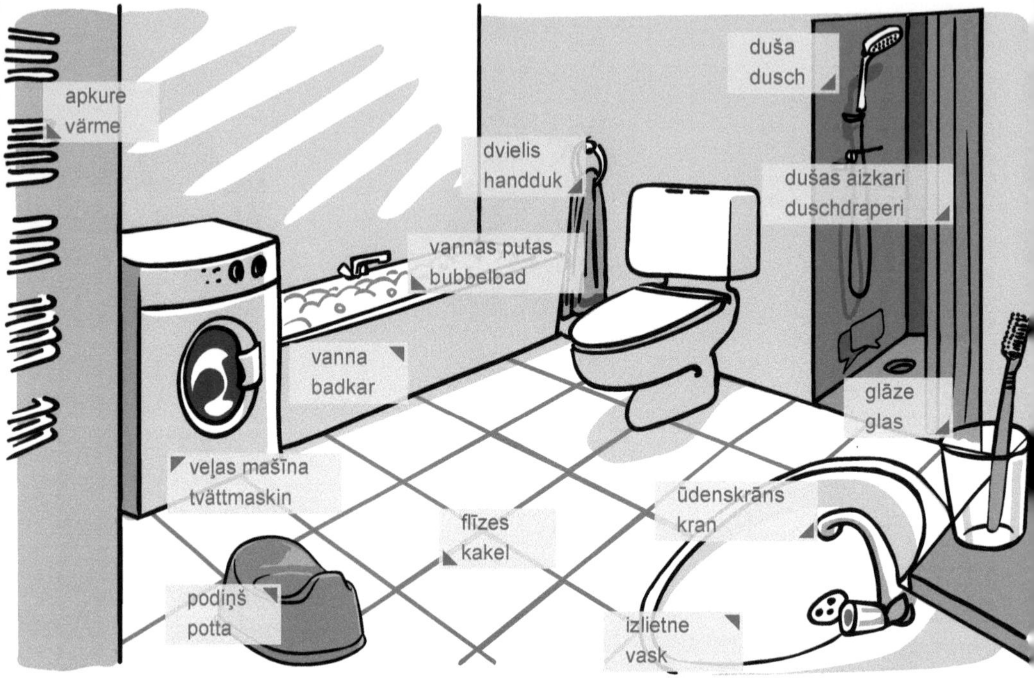

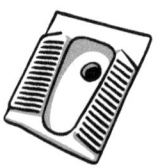

tualetes pods
toalett

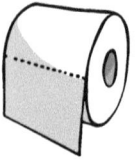

Āzijas tipa tualete
låg toalett

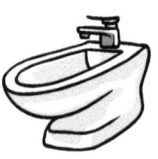

bidē
bidet

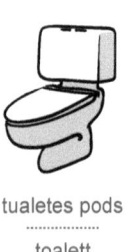

pisuārs
pissoar

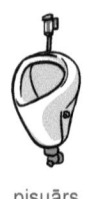

tualetes papīs
toalettpapper

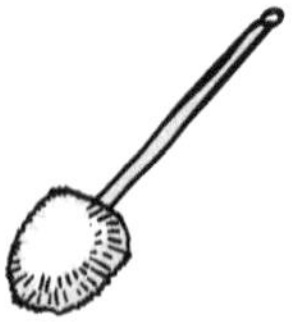

tualetes birste
toalettborste

zobu birste

tandborste

zobu pasta

tandkräm

zobu diegs

tandtråd

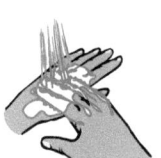

mazgāt

tvätta

rokas duša

handdusch

duša

intimdusch

bļoda

handfat

muguras mazgāšanas birste

ryggborste

ziepes

tvål

dušas želeja

duschgel

šampūns

schampo

mazgāšanas drāna

trasa

noteka

avlopp

krēms

crème

dezodorants

deodorant

spogulis

spegel

spogulītis

handspegel

skuveklis

rakhyvel

skūšanās putas

raklödder

losjons pēc skūšanās

rakvatten

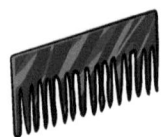

ķemme

kam

matu suka

borste

matu fēns

hårtork

matu laka

hårspray

grima komplekts

smink

lūpu krāsa

läppstift

nagulaka

nagellack

vate

bomullsvadd

šķērītes

nagelsax

smaržas

parfym

kosmētikas maks

necessär

ķeblītis

pall

svari

våg

halāts

badrock

tīrīšanas cimdi

gummihandskar

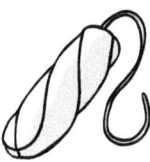

tampons

tampong

pakete

binda

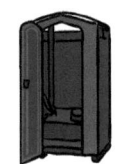

ķīmiskā tualete

kemisk toalett

bērnu istaba

barnrum

modinātājs
väckarklocka
mīkstā rotaļlieta
gosedjur
spēļu automašīna
leksaksbil
grabulis
skallra
leļļu māja
dockhus
dāvana
present

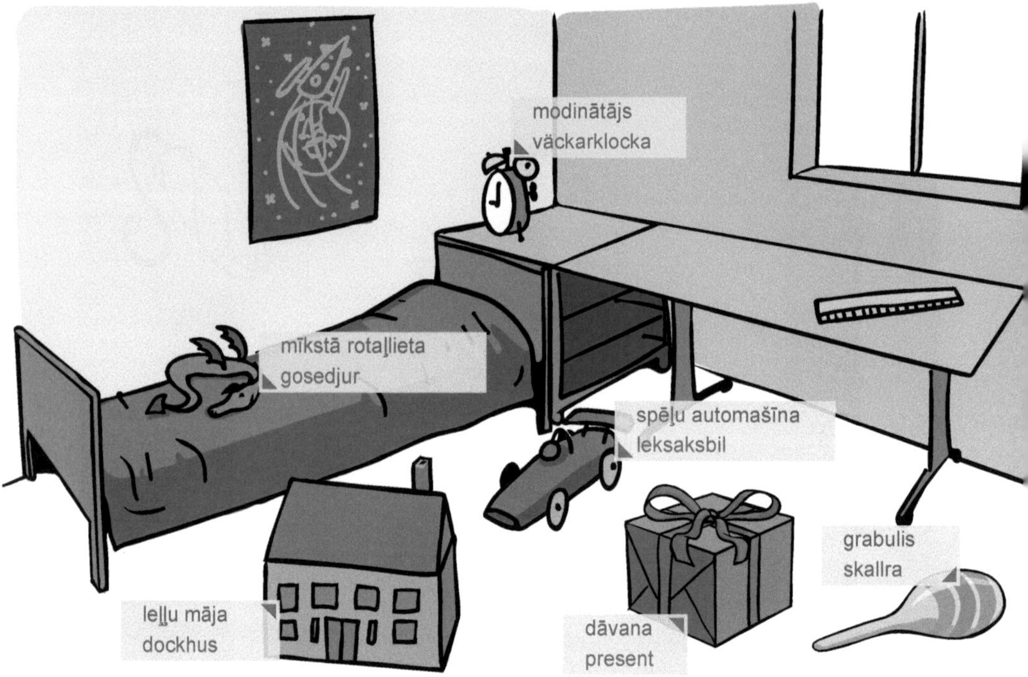

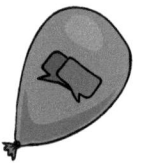

balons
ballong

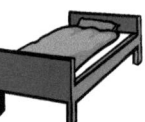

gulta
säng

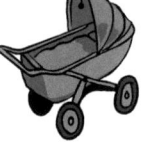

bērnu ratiņi
barnvagn

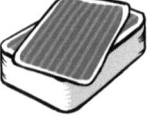

kārtis
kortlek

puzle
pussel

SUPER
MEGA

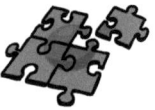

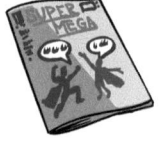

komikss
serietidning

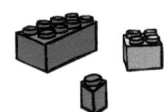

LEGO klucīši

legobitar

klucīši

klossar

varoņu figūra

actionfigur

rāpulītis

sparkdräkt

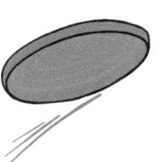

lidojošais šķīvītis

frisbee

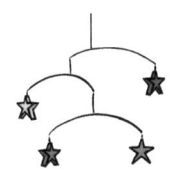

muzikālais karuselis

mobil

galda spēle

brädspel

metamais kauliņš

tärning

rotaļu dzelzceļš

modelljärnväg

māneklis

napp

ballīte

party

bilžu grāmata

bilderbok

bumba

boll

lelle

docka

spēlēt

spela

smilšu kaste

sandlåda

šūpoles

gunga

rotaļlietas

leksaker

spēļu konsole

spelkonsol

trīsritenis

trehjuling

plīša lācītis

nalle

drēbju skapis

garderob

apģērbs
kläder

īszeķes

sockar

zeķes

strumpor

zeķbikses

tights

šalle
halsduk

lietussargs
paraply

siksna
bälte

T-krekls
t-shirt

čības
tofflor

zābaks
stövlar

botas
sneakers

sandales
....
sandaler

kurpes
....
skor

gumijas zābaki
....
gummistövlar

apakšbikses
....
underbyxor

krūšturis
....
BH

apakškrekls
....
linne

apģērbs - kläder

bodijs

body

bikses

byxor

džinsi

jeans

svārki

kjol

blūze

blus

krekls

skjorta

pulovers

pullover

džemperis

sweater

žakete

blazer

jaka

jacka

mētelis

kappa

lietus mētelis

regnjacka

kostīms

dräkt

kleita

klänning

kāzu kleita

bröllopsklänning

uzvalks

kostym

naktskrekls

nattlinne

pidžama

pyjamas

sari

sari

lakats

slöja

turbāns

turban

burka

burka

kaftāns

kaftan

abaja

abaya

peldkostīms

baddräkt

peldbikses

badbyxor

šorti

shorts

treniņtērps

träningsoverall

priekšauts

förkläde

cimdi

handskar

poga

knapp

brilles

glasögon

rokassprādze

armband

kaklarota

halsband

gredzens

ring

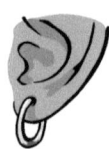

auskars

örhänge

cepure

mössa

drēbju pakaramais

galge

platmale

hatt

kaklasaite

slips

rāvējslēdzējs

dragkedja

ķivere

hjälm

bikšturi

hängslen

skolas forma

skoluniform

uniforma

uniform

priekšautiņš
haklapp

māneklis
napp

autiņbiksītes
blöja

birojs
kontor

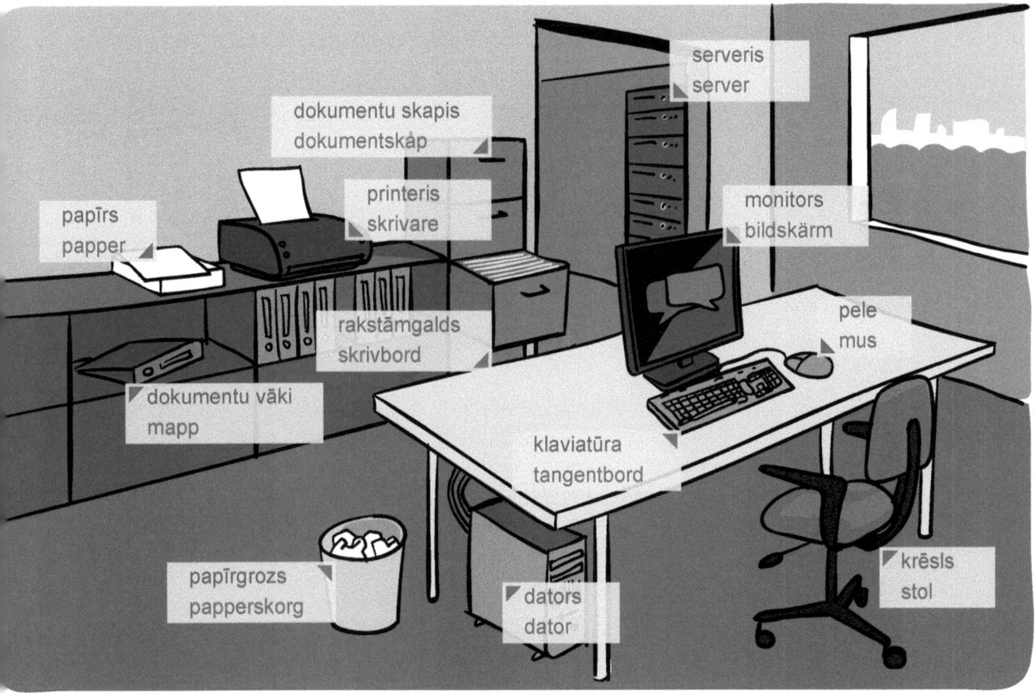

serveris
server

dokumentu skapis
dokumentskåp

printeris
skrivare

papīrs
papper

monitors
bildskärm

rakstāmgalds
skrivbord

pele
mus

dokumentu vāki
mapp

klaviatūra
tangentbord

papīrgrozs
papperskorg

dators
dator

krēsls
stol

kafijas krūze
kaffemugg

kalkulators
miniräknare

internets
internet

portatīvais dators
bärbar dator

vēstule
brev

ziņa
meddelande

mobilais tālrunis
mobiltelefon

tīkls
nätverk

kopētājs
kopieringsapparat

programmatūra
programvara

telefons
telefon

rozete
vägguttag

faksa aparāts
fax

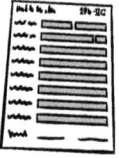

formulārs
blankett

dokuments
dokument

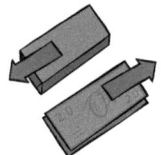

pirkt
köpa

samaksāt
betala

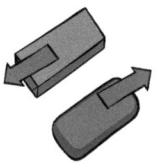

tirgot
handla

nauda
pengar

 **USD**

dolārs
dollar

 **EUR**

eiro
euro

 **JPY**

jēna
yen

 **RUB**

rublis
rubel

 **CHF**

franks
schweizisk franc

 **CNY**

juaņa renminbi
renminbi yan

 **INR**

rūpija
rupie

bankomāts
bankomat

valūtas maiņas punkts

växelkontor

zelts

guld

sudrabs

silver

nafta

olja

enerģija

energi

cena

pris

līgums

kontrakt

nodoklis

skatt

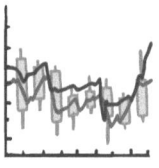

akcija

aktie

strādāt

arbeta

darbinieks

anställd

darba devējs

arbetsgivare

fabrika

fabrik

veikals

affär

profesijas
yrken

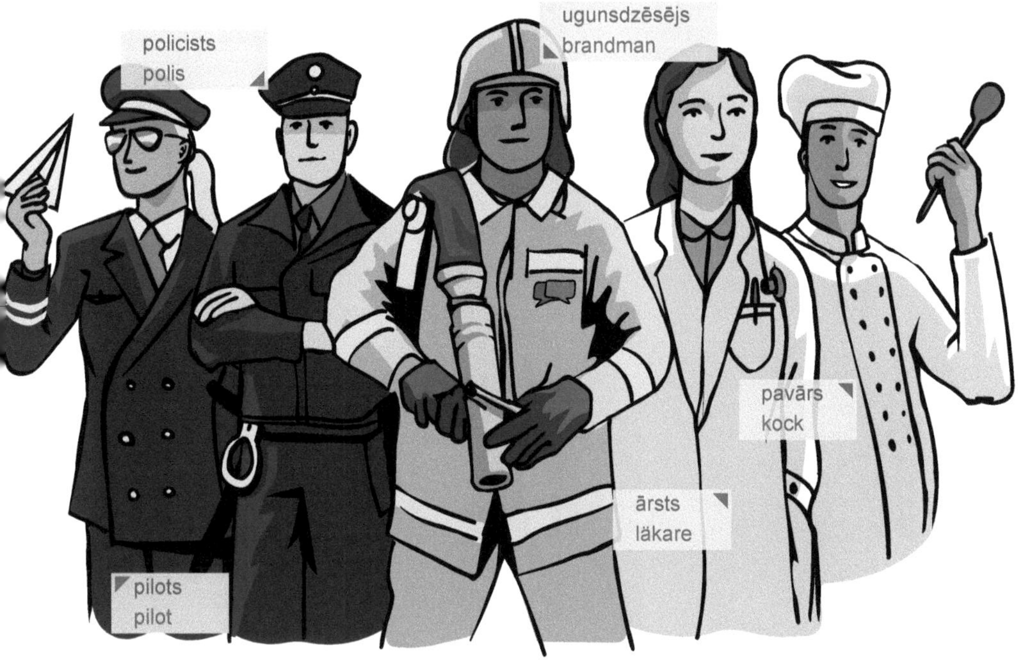
policists
polis
ugunsdzēsējs
brandman
pavārs
kock
ārsts
läkare
pilots
pilot

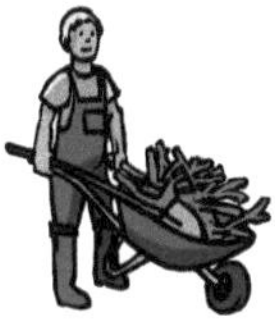

dārznieks

trädgårdsmästare

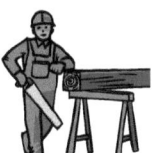

galdnieks

snickare

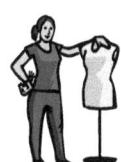

šuvēja

sömmerska

tiesnesis

domare

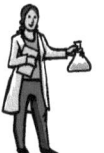

ķīmiķis

kemist

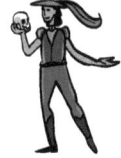

aktieris

skådespelare

autobusa vadītājs

busschaufför

taksometra vadītājs

taxichaufför

zvejnieks

fiskare

apkopēja

städerska

jumiķis

takläggare

viesmīlis

servitör

mednieks

jägare

gleznotājs

målare

maiznieks

bagare

elektriķis

elektriker

celtnieks

byggarbetare

inženieris

ingenjör

miesnieks

slaktare

skārdnieks

rörmokare

pastnieks

brevbärare

karavīrs

soldat

arhitekts

arkitekt

kasieris

kassör

florists

florist

frizieris

frisör

konduktors

konduktör

mehāniķis

mekaniker

kapteinis

kapten

zobārsts

tandläkare

zinātnieks

vetenskapsman

rabīns

rabbin

imāms

imam

mūks

munk

mācītājs

präst

instrumenti
verktyg

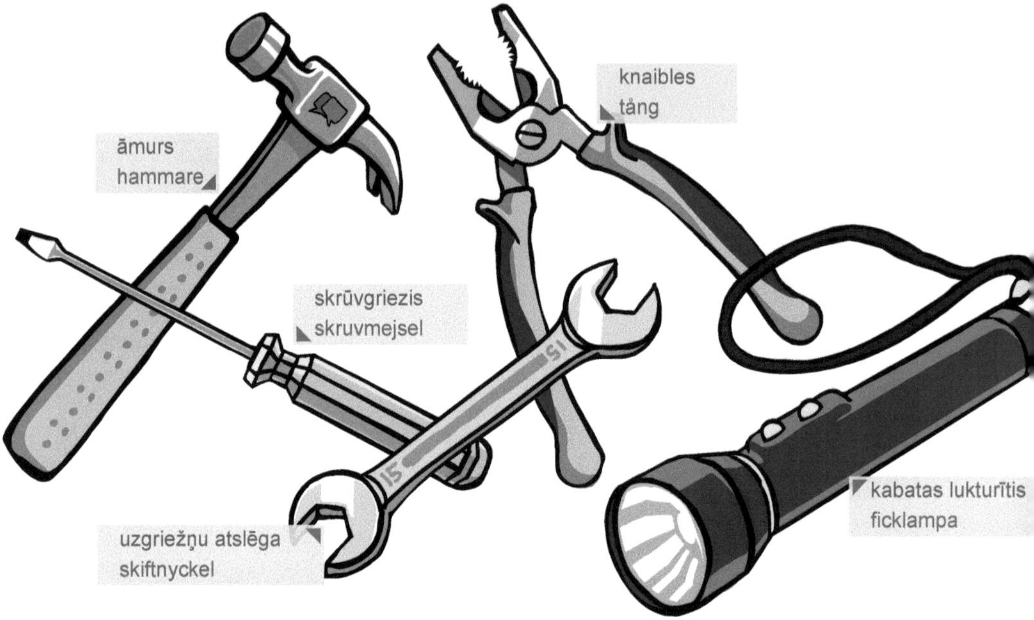
knaibles
tång
āmurs
hammare
skrūvgriezis
skruvmejsel
kabatas lukturītis
ficklampa
uzgriežņu atslēga
skiftnyckel

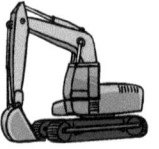

ekskavators

grävmaskin

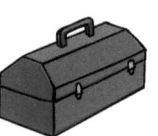

instrumentu kaste

verktygslåda

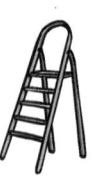

kāpnes

stege

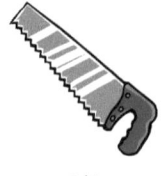

zāģis

såg

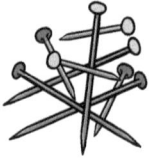

naglas

spik

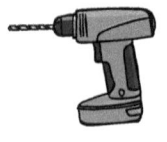

urbis

borr

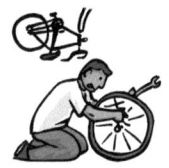

remontēt

reparera

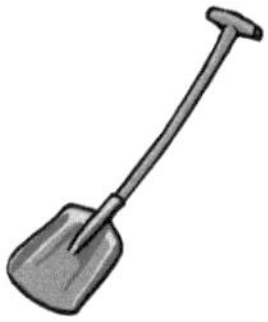

lāpsta

spade

Velns!

Helvete!

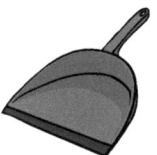

liekšķere

sopskyffel

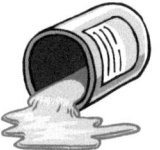

krāsas bundža

färgburk

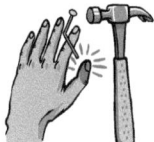

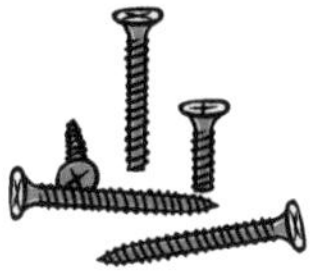

skrūves

skruvar

mūzikas instrumenti
musikinstrument

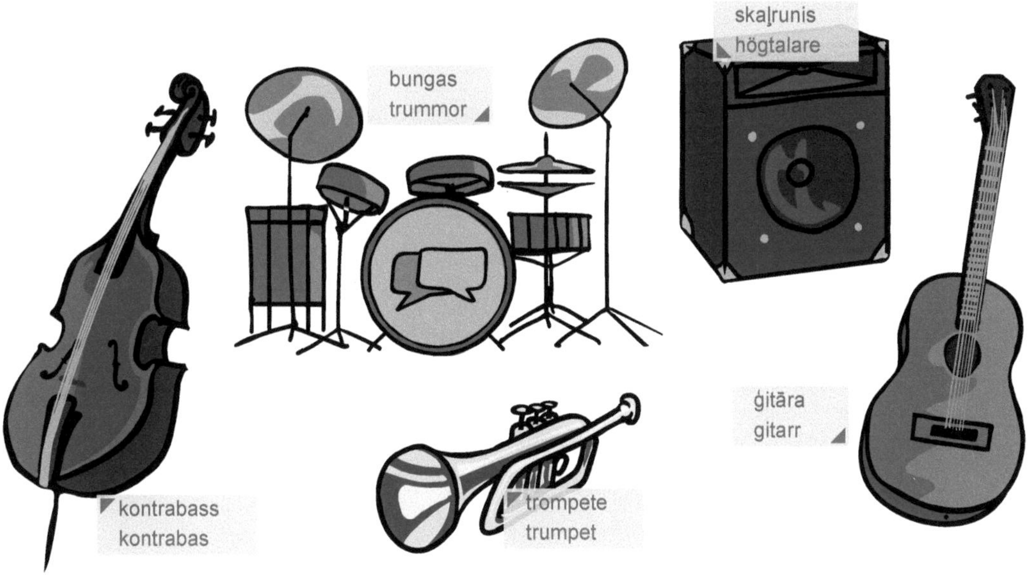
skaļrunis
högtalare
bungas
trummor
ģitāra
gitarr
kontrabass
kontrabas
trompete
trumpet

klavieres

piano

vijole

violin

bass

bas

timpāni

timpani

bungas

trumma

digitālās klavieres

keyboard

saksofons

saxofon

flauta

flöjt

mikrofons

mikrofon

zooloģiskais dārzs

zoo

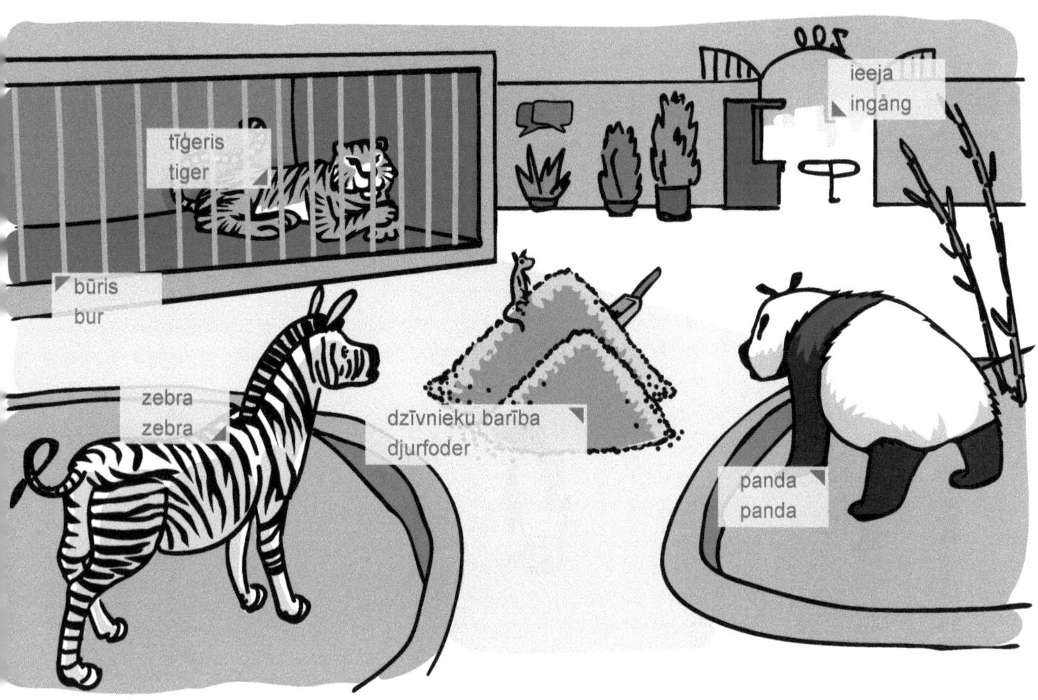

ieeja
ingång
tīģeris
tiger
būris
bur
zebra
zebra
dzīvnieku barība
djurfoder
panda
panda

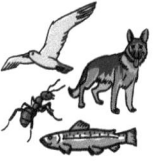

dzīvnieki

djur

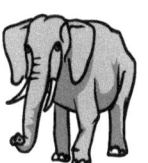

zilonis

elefant

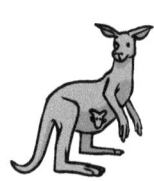

ķengurs

känguru

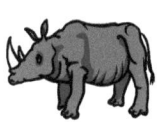

degunradzis

noshörning

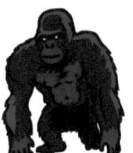

gorilla

gorilla

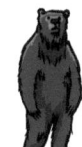

lācis

björn

kamielis

kamel

strauss

struts

lauva

lejon

pērtiķis

apa

flamings

flamingo

papagailis

papegoja

polārlācis

isbjörn

pingvīns

pingvin

haizivs

haj

pāvs

påfågel

čūska

orm

krokodils

krokodil

zoodārza sargs

djurskötare

ronis

säl

jaguārs

jaguar

ponijs

ponny

leopards

leopard

nīlzirgs

flodhäst

žirafe

giraff

ērglis

örn

meža cūka

vildsvin

zivs

fisk

bruņurupucis

sköldpadda

valzirgs

valross

lapsa

räv

gazele

gazell

amerikāņu futbols
amerikansk fotboll

riteņbraukšana
cykling

teniss
tennis

basketbols
basket

peldēšana
simning

bokss
boxning

hokejs
ishockey

futbols
fotboll

badmintons
badminton

vieglatlētika
friidrott

rokas bumba
handboll

slēpošana
skidåkning

polo
polo

smieties
skratta

lēkt
hoppa

apskaut
krama

iet
gā

dziedāt
sjunga

sapņot
drömma

lūgt
be

skūpstīt
kyssa

rakstīt
skriva

zīmēt
rita

rādīt
visa

spiest
skjuta

dot
ge

ņemt
ta

būt
hagel

darīt
göra

būt
vara

stāvēt
stå

skriet
springa

vilkt
dra

mest
kasta

krist
falla

gulēt
ligga

gaidīt
vänta

nest
bära

sēdēt
sitta

uzģērbt
klä på

gulēt
sova

pamosties
vakna

skatīties

se på

raudāt

gråta

glāstīt

smeka

ķemmēt

kamma

runāt

prata

saprast

förstå

jautāt

fråga

dzirdēt

höra

dzert

dricka

ēst

äta

sakārtot

städa

mīlēt

älska

vārīt

laga mat

braukt

köra

lidot

flyga

burot

segla

rēķināt

räkna

lasīt

läsa

mācīties

lära sig

strādāt

arbeta

precēties

gifta sig

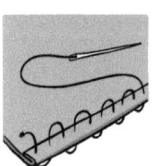

šūt

sy

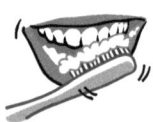

tīrīt zobus

borsta tänderna

nogalināt

döda

smēķēt

röka

sūtīt

skicka

ģimene

familj

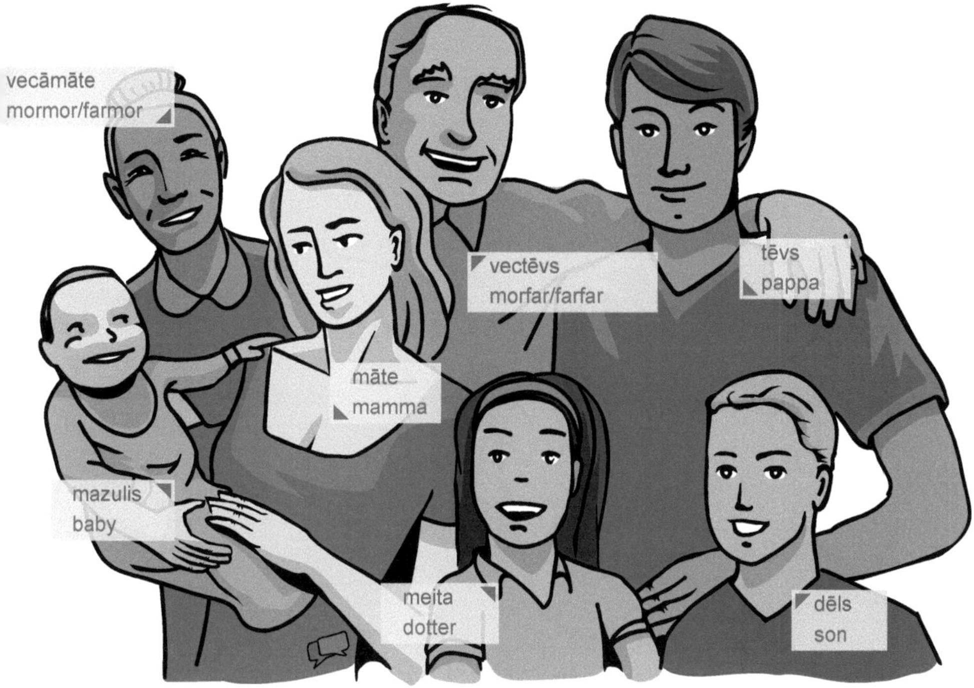
vecāmāte
mormor/farmor
vectēvs
morfar/farfar
tēvs
pappa
māte
mamma
mazulis
baby
meita
dotter
dēls
son

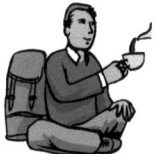

viesis

gäst

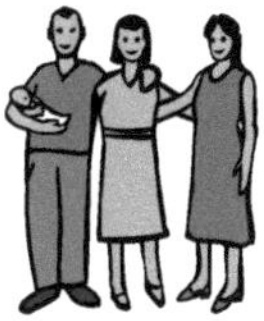

tante

moster/faster

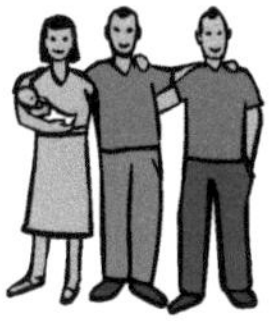

onkulis

farbror/morbror

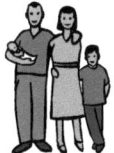

brālis

bror

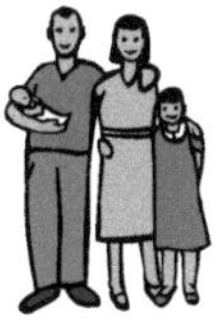

māsa

syster

ķermenis
kropp

piere
panna
acs
öga
plecs
skuldra
pirksts
finger
seja
ansikte
zods
haka
roka
hand
kāja
ben
krūtis
bröst
roka
arm

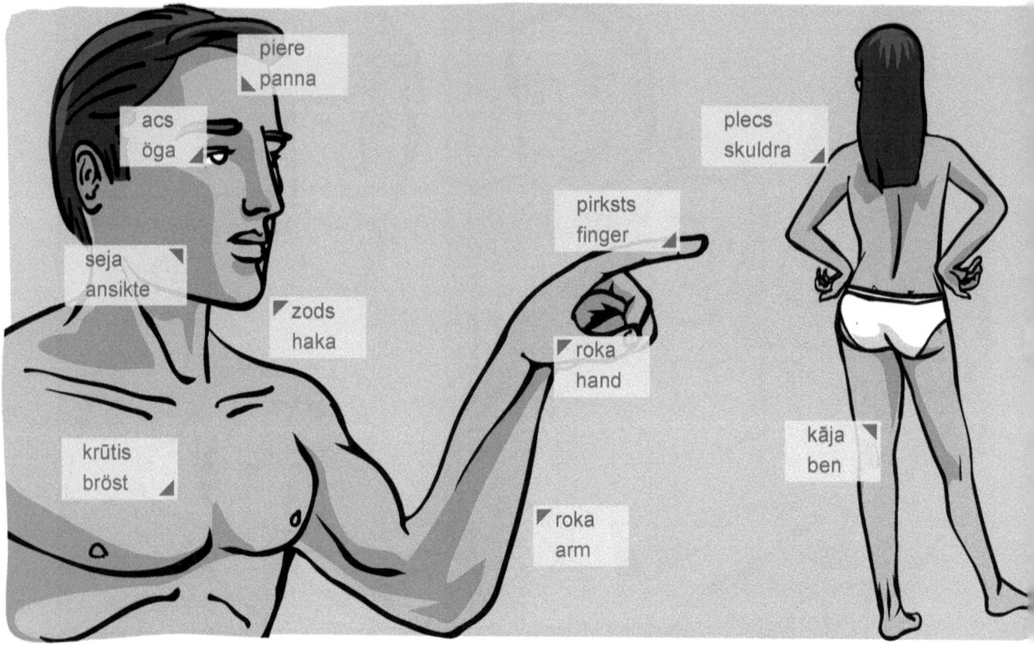

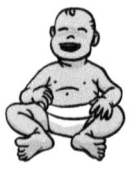

mazulis
baby

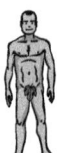

vīrietis
man

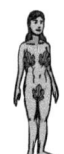

sieviete
kvinna

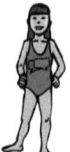

meitene
flicka

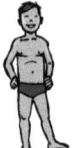

zēns
pojke

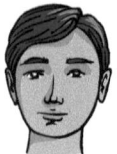

galva
huvud

mugura

rygg

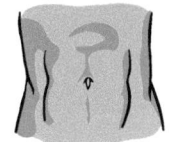

vēders

mage

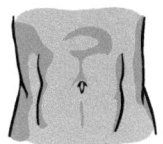

naba

navel

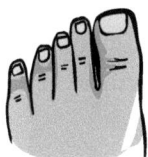

kājas pirksts

tå

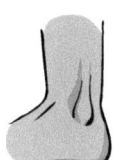

papēdis

häl

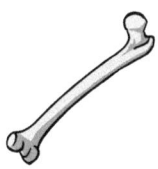

kauls

ben

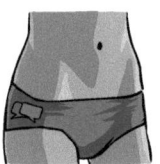

gurns

höft

celis

knä

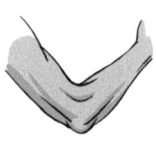

elkonis

armbåge

deguns

näsa

dibens

stjärt

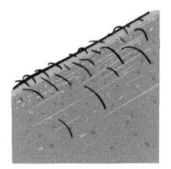

āda

hud

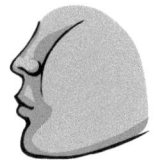

vaigs

kind

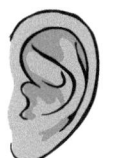

auss

öra

lūpa

läpp

ķermenis - kropp

mute

mun

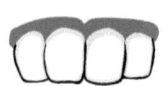

zobs

tand

mēle

tunga

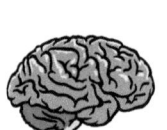

smadzenes

hjärna

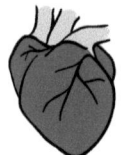

sirds

hjärta

muskulis

muskel

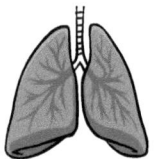

plaušas

lunga

aknas

lever

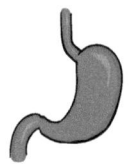

kuņģis

magsäck

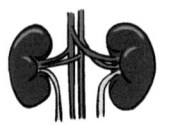

nieres

njurar

dzimumakts

sex

kondoms

kondom

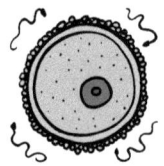

olšūna

äggcell

sperma

sperma

grūtniecība

graviditet

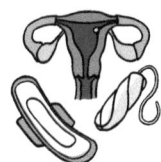

menstruācijas

menstruation

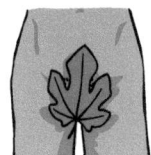

vagīna

vagina

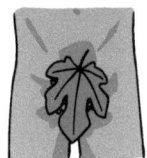

penis

penis

uzacs

ögonbryn

mati

hår

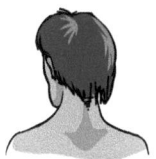

kakls

nacke

slimnīca
sjukhus

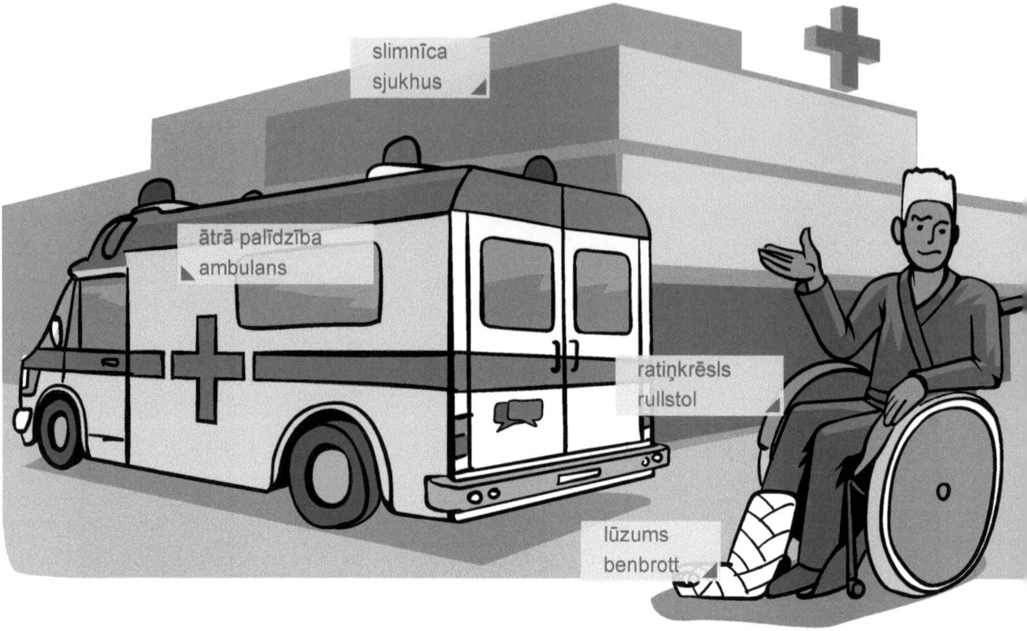

slimnīca
sjukhus
ātrā palīdzība
ambulans
ratiņkrēsls
rullstol
lūzums
benbrott

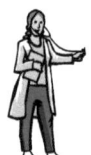

ārsts

läkare

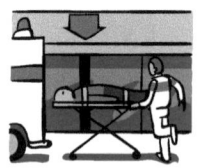

neatliekamās palīdzības nodaļa

akutmottagning

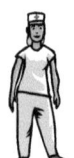

medmāsa

sjuksköterska

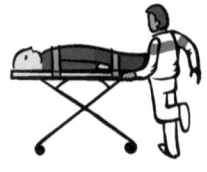

ārkārtas gadījums

nödsituation

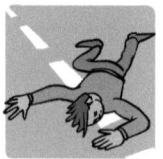

paģībis

medvetslös

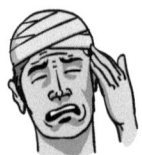

sāpes

smärta

ievainojums

skada

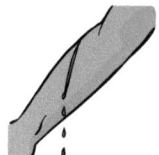

asiņošana

blödning

sirdslēkme

hjärtattack

insults

slaganfall

alerģija

allergi

klepus

hosta

temperatūra

feber

gripa

influensa

caureja

diarré

galvassāpes

huvudvärk

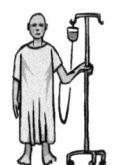

vēzis

cancer

diabēts

diabetes

ķirurgs

kirurg

skalpelis

skalpell

operācija

operation

datortomogrāfija

CT

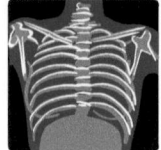

rentgents

röntgen

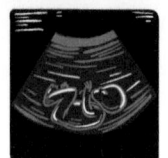

ultraskaņa

ultraljud

sejas maska

ansiktsmask

slimība

sjukdom

uzgaidāmā telpa

väntsal

kruķis

krycka

plāksteris

plåster

apsējs

bandage

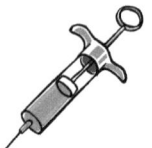

injekcija

injektion

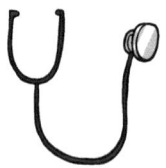

stetoskops

stetoskop

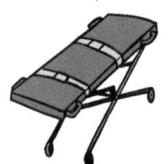

nestuves

bår

termometrs

termometer

dzemdības

födsel

liekais svars

övervikt

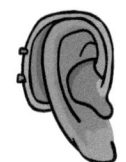

dzirdes aparāts

hörapparat

dezinfekcijas līdzeklis

desinfektionsmedel

infekcija

infektion

vīruss

virus

HIV / AIDS

HIV / AIDS

zāles

medicin

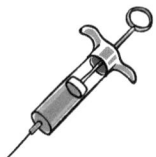

pote

vaccination

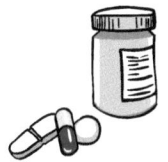

tabletes

tabletter

pretapaugļošanās tablete

p-piller

ārkārtas izsaukums

nödsamtal

asinsspiediena mērītājs

blodtrycksmätare

slims / vesels

sjuk / frisk

Palīgā!

Hjälp!

trauksme

alarm

uzbrukums

överfall

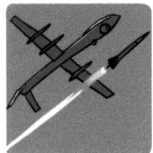

uzbrukums

misshandel

bīstamība

fara

avārijas izeja

nödutgång

Uguns!

Det brinner!

ugunsdzēšamais aparāts

brandsläckare

negadījums

olycka

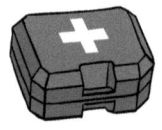

pirmās palīdzības aptieciņa

förbandslåda

SOS

SOS

policija

polis

Eiropa

Europa

Ziemeļamerika

Nordamerika

Dienvidamerika

Sydamerika

Āfrika

Afrika

Āzija

Asien

Austrālija

Australien

Atlantijas okeāns

Atlanten

Klusais okeāns

Stilla Havet

Indijas okeāns

Indiska Oceanen

Dienvidu okeāns

Antarktiska Oceanen

Ziemeļu ledus okeāns

Arktiska Oceanen

Ziemeļpols

Nordpol

Dienvidpols

Sydpol

Antarktika

Antarktis

zeme

Jorden

zeme

land

jūra

hav

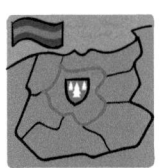

sala

ö

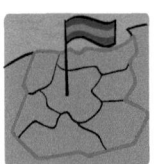

nācija

nation

valsts

stat

ciparnīca

urtavla

stundu rādītājs

timvisare

minūšu rādītājs

minutvisare

sekunžu rādītājs

sekundvisare

Cik ir pulkstenis?

Vad är klockan?

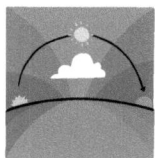

diena

dag

laiks

tid

tagad

nu

digitālais pulkstenis

digital klocka

minūte

minut

stunda

timme

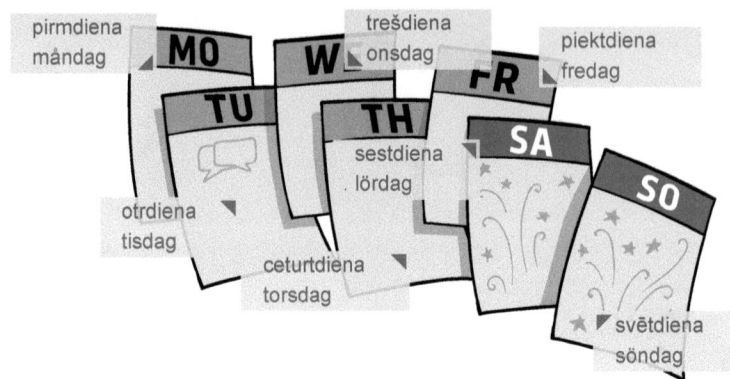

pirmdiena
måndag

trešdiena
onsdag

piektdiena
fredag

otrdiena
tisdag

sestdiena
lördag

ceturtdiena
torsdag

svētdiena
söndag

vakardien

igår

šodien

idag

rītdien

imorgon

rīts

morgon

pusdienlaiks

middag

vakars

kväll

MO	TU	WE	TH	FR	SA	SU
1	2	3	4	5	6	7
8	9	10	11	12	13	14
15	16	17	18	19	20	21
22	23	24	25	26	27	28
29	30	31	1	2	3	4

darbadienas

vardagar

MO	TU	WE	TH	FR	SA	SU
1	2	3	4	5	6	7
8	9	10	11	12	13	14
15	16	17	18	19	20	21
22	23	24	25	26	27	28
29	30	31	1	2	3	4

brīvdienas

helg

lietus
regn

varavīksne
regnbåge

sniegs
snö

vējš
vind

pavasaris
vår

rudens
höst

vasara
sommar

ziema
vinter

4.APRIL	11°	☀
5.APRIL	4°	⛅
6.APRIL	13°	⛅
7.APRIL	8°	☀
8.APRIL	10°	☀

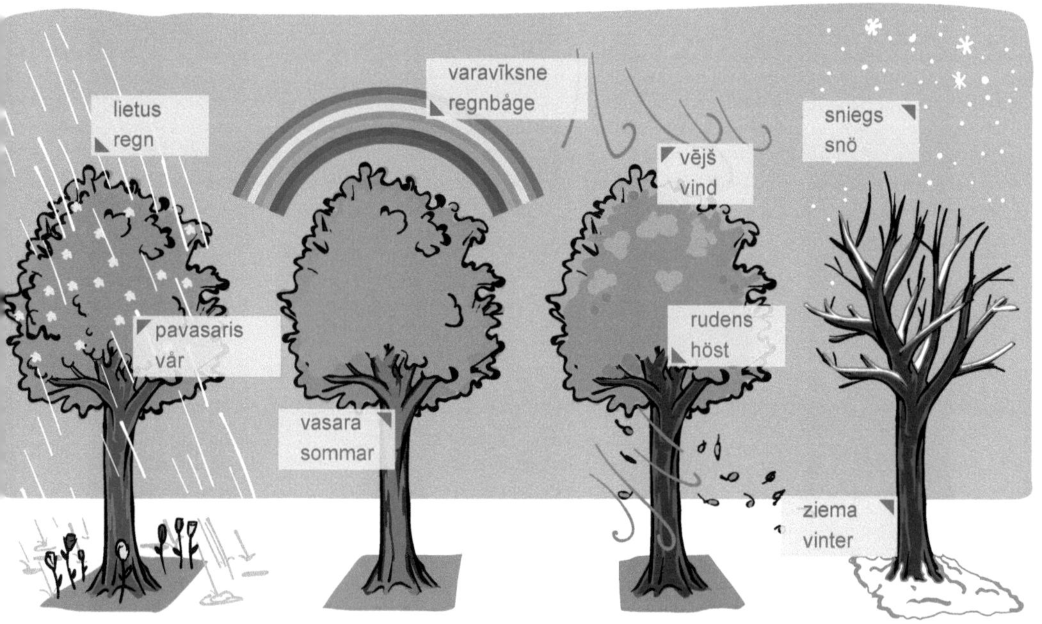

laika prognoze

väderprognos

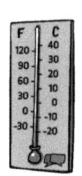

termometrs

termometer

saules gaisma

solsken

mākonis

moln

migla

dimma

gaisa mitrums

luftfuktighet

zibens

blixt

pērkons

åska

vētra

storm

krusa

hagel

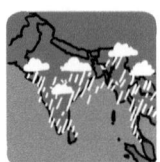

musons

monsun

plūdi

översvämning

ledus

is

janvāris

januari

februāris

februari

marts

mars

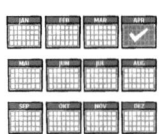

aprīlis

april

maijs

maj

jūnijs

juni

jūlijs

juli

augusts

augusti

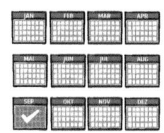

septembris

september

oktobris

oktober

novembris

november

decembris

december

formas
former

aplis

cirkel

kvadrāts

kvadrat

četrstūris

rektangel

trīsstūris

triangel

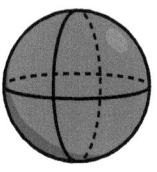

lode

sfär

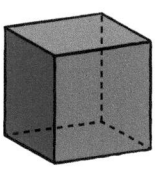

kubs

kub

balts

vit

dzeltens

gul

oranžs

orange

sārts

rosa

sarkans

röd

lillā

lila

zils

blå

zaļš

grön

brūns

brun

pelēks

grå

melns

svart

daudz / maz

mycket / lite

saniknots / miermīlīgs

arg / lugn

skaists / neglīts

vacker / ful

sākums / beigas

början / slut

liels / mazs

stor / liten

gaišs / tumšs

ljus / mörk

brālis / māsa

bror / syster

tīrs / netīrs

ren / smutsig

pilnīgs / nepilnīgs

komplett / ofullständig

diena / nakts

dag / natt

miris / dzīvs

död / levande

plats / šaurs

bred / smal

baudāms / nebaudāms

ätlig / oätlig

nikns / laipns

ond / god

satraukts / garlaikots

upphetsad / uttråkad

resns / tievs

tjock / smal

pirmais /pēdējais

först / sist

draugs / ienaidnieks

vän / fiende

pilns / tukšs

full / tom

ciets / mīksts

hård / mjuk

smags / viegls

tung / lätt

izsalkums / slāpes

hunger / törst

slims / vesels

sjuk / frisk

nelegāls / legāls

olaglig / laglig

inteliģents / dumjš

intelligent / dum

kreisais / labais

vänster / höger

tuvu / tālu

nära / långt bort

jauns / lietots
ny / begagnad

nekas / kaut kas
inget / något

vecs / jauns
gammal / ung

ieslēgts / izslēgts
på / av

atvērts / slēgts
öppen / stängd

kluss / skaļš
tyst / högljudd

bagāts / nabags
rik / fattig

pareizi / nepareizi
rätt / fel

raupjš / gluds
grov / slät

noskumis / laimīgs
ledsen / glad

īss / garš
kort / lång

lēns / ātrs
långsam / snabb

slapjš / sauss
våt / torr

silts / vēss
varm / sval

karš / miers
krig / fred

0	**1**	**2**
nulle	viens	divi
noll	ett	två

3	**4**	**5**
trīs	četri	pieci
tre	fyra	fem

6	**7**	**8**
seši	septiņi	astoņi
sex	sju	åtta

9	**10**	**11**
deviņi	desmit	vienpadsmit
nio	tio	elva

12

divpadsmit

tolv

13

trīspadsmit

tretton

14

četrpadsmit

fjorton

15

piecpadsmit

femton

16

sešpadsmit

sexton

17

septiņpadsmit

sjutton

18

astoņpadsmit

arton

19

deviņpadsmit

nitton

20

divdesmit

tjugo

100

simts

hundra

1.000

tūkstotis

tusen

1.000.000

miljons

miljon

anglu

engelska

amerikāņu anglu

amerikansk engelska

ķīniešu mandarīnu valoda

kinesisk mandarin

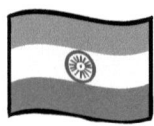

hindi

hindi

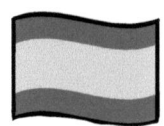

spāņu

spanska

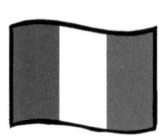

franču

franska

arābu

arabiska

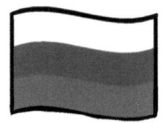

krievu

ryska

portugāļu

portugisiska

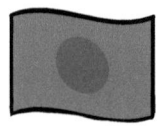

bengāļu

bengali

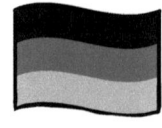

vācu

tyska

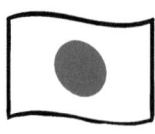

japāņu

japanska

es
jag

tu
du

viņš / viņa
han / hon / den (det)

mēs
vi

jūs
ni

viņi / viņas
de

kas?
vem?

ko?
vad?

kā?
hur?

kur?
var?

kad?
när?

vārds
namn

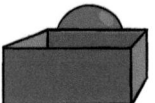

aiz
bakom

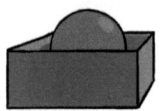

iekšā
i

priekšā
framför

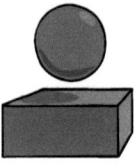

virs
över

uz
på

zem
under

blakus
bredvid

starp
mellan

vieta
plats